自己信頼［新訳］

『エッセイ　第一集』より

'Self-Reliance'

in *Essays, First Series*, 1841

汝、自らの他に求むることなかれ

人は、自らの星である。
正直で完全な人間をつくりうる魂は、
すべての光、すべての力、すべての運命を支配している。
ことが起きるのに早すぎることはなく、また遅すぎることもない。
われらの行為は、良きも悪しきも、神の御使いであり、
われらのかたわらを黙して歩む、運命の影である。

——ボーモント／フレッチャー『正直者の運命』エピローグ

幼な子は岩山に捨てよ
牝狼の乳を飲み
鷹や狐とともに冬を越せば
力とすばやさが彼の手足となるだろう

先日、ある高名な画家の書いた詩を何編か読んだ。どれも独創的で、型破りなものだった。こうした詩は、その主題がなんであれ、必ずなんらかの戒めを魂に教えてくれるものだ。詩を読んだときに心に染みわたってくる感情は、その詩に含まれているどんな思想よりも価値がある。

＊

自分の考えを信じること、自分にとっての真実は、すべての人にとっての真実だと信じること——それが天才である。

心の中で確信していることがあるなら、声に出して語るがよい。そうすれば、それは普遍的な意味を持つようになるだろう。奥底にあったものが、時とともに表に現れるように、最初に抱いていた考えは、最後の審判のラッパとともに、私たちのもとへ返ってくる。

内なる声が聞こえてくるのは、決して珍しいことではない。モーゼ［旧約聖書に登場する預言者］やプラトン［古代ギリシャの哲学者］、ミルトン［イギリスの詩人］の最大の功績は、書物や伝統を無視し、世間の考えではなく、自分の意見を語ったところにある。

私たちは吟遊詩人や賢人たちが放つ、目もくらむような輝きよりも、自分の内側でほのかに輝いている光を見つけ、観察するべきだ。しかし人は自分の考えを、それが自分のものだという理由で無造作に片づけてしまう。そして天才の仕事を見るたびに、そこに自分が却下した考えがあることに気づく。一度は自分のものだった考えが、ある種のよそよそしい威厳をたたえて、自分のもとに戻ってくるのだ。

これは、優れた芸術作品を前にしたとき、私たちが学ぶ最大のことにちがいない。これらの作品は、たとえ周囲のすべてが反対していようとも、にこやかに、しかし断固として、自分の中に自然に湧きあがってくる印象に従うべきだと教えてくれる。さもなければ、翌日にはあなたがいつも考え、感じてきたのとまったく同じことを、どこかの誰かが言葉巧みに語りだし、あなたは恥じ入りながら、自分の意見を他人から頂戴するはめになる。

*

ねたみは無知であり、人まねは自殺行為であること、良かれ悪しかれ、自己は受け入れなければならないこと、世界は広く、善きものであふれているが、自分に与えられた土地を耕さないかぎり、身を養ってくれる一粒のトウモロコシでさえ、自分のものにはならないこと——教育を受けているうちに、私たちはこうしたことを悟っていく。

私たちの中に宿る力は、まったく新しい種類のものであり、それを使って何ができるかを知っているのは本人だけだが、実際にやってみるまでは本人にさえ、それが何かはわからない。

ある種の顔、性格、事実からは強い印象を受けるのに、別のものからはなんの印象も受けないことがある。それは偶然ではない。あるものが記憶に残るのは、それがおさまるべき場所が自分の中にあったからだ。目が一条の光を捉えたのは、その光の存在を証明するためだ。

人間は自分を半分しか表現しておらず、天から授かった神聖なアイディアを恥じている。正しく伝えるなら、そのアイディアは調和を生み、良い結果をもたらすだろう。しかし臆病者に神の御業《みわざ》は伝えられない。

自分の仕事にまごころをこめ、最善を尽くすなら、心は安らぎ、晴れやかになるが、そうでない言行からは心の平安は得られない。そのような態度は何も生みださない。それでは才能にも見捨てられ、詩神の助けも得られず、創造も希望も生まれないだろう。

*

自分を信じよ。あなたが奏でる力強い調べは、万人の心をふるわせるはずだ。

神の摂理があなたのために用意した場所を、同時代の人々との交わりを、ものごとの縁を受け入れよ。

偉人たちは常にそうしてきた。彼らは子どものように時代の精神に身を委ね、自分の心の中に完全に信頼できるものが鎮座し、それが自分の手を通してはたらき、自分の全存在を支配していることを示してきた。

現代に生きる私たちも、この人智を越えた運命を最高の精神で受け入れなければならない。

私たちは誰かの庇護下にある未成年者や病人でもなければ、革命を前に逃げだす臆病者でもない。私たちは導き、救い、恩恵を施す者であり、全能の神の御業に従って、「混沌」と「暗闇」に突き進む者である。

*

この主題、すなわち自己信頼に関していえば、自然は子どもや赤ん坊、ときには獣の顔や態度を通じて、なんとすばらしい神託を与えてくれていることだろう！

幼な子や動物には、あの分裂した反逆精神は見られない。自分の感情を疑い、損得だけを考えて、目的とかけはなれた力や手段を選ぶこともない。彼らには完全な精神と、まだ何者にもとらわれていない目が備わっている。その顔をのぞきこめば、思わずこちらが狼狽《ろうばい》してしまうほどだ。

幼児は誰にも従わない。世界が幼児に従うのだ。それが証拠に、赤ん坊がひとりいれば、その周囲では四、五人の大人たちが片言でその子に語りかけ、あやそうとしている。

しかし神は少年期、思春期、壮年期の人々にも相応の刺激と魅力を授け、うらやむべき優美なものとし、自分の足で立とうとするなら、その主張が無視されることのないようにした。

あなたや私と対等に話ができないからといって、若者は無力だなどと考えてはならない。聞くがよい！　隣室からは、弁舌さわやかに持論を展開する彼の声が聞こえる。同世代の仲間が相手なら、彼も話の仕方を知っているようだ。はにかみ屋であれ、豪傑であれ、若者たちはいずれ、年長者をお払い箱にする方法を見つけるだろう。

食事の心配をする必要のない少年たちは、人を懐柔するために何かをいったり、したりすることを軽蔑する。この王侯のごとき無頓着さこそ、人間本来の健全な態度だ。

客間にいる少年は、平土間で舞台を眺めている観客のようなものだ。自由きままに、なんの責任もなく、自分がいる場所から人間やものごとを眺め、いかにも少年らしいすばやさで、良い、悪い、おもしろい、ばかばかしい、弁が立つ、手が焼けるなどと断じていく。

結果や利害を思いわずらうことはない。ただ自分の感覚に従って、率直に裁きを下していく。少年の機嫌をとらなければならないのは大人であって、少年が大人の機嫌をとることはない。

大人は自意識によって、自分で自分を牢獄に閉じこめている。ひとたびその言動が大喝采を浴びれば、彼はただちに拘束され、何百人もの共感や敵意に監視されるようになり、以後は何をするにも周囲の意向を気にするようになる。過去を消す魔法はない。ああ、また中立の立場に戻れたら！

どんな誓約もせず、同じものを何の影響も、偏見も、汚れも、恐れもない無垢な目で、何度でも眺められる人――そのような人こそ、いつの時代にも恐るべき存在であるにちがいない。彼は目の前で起きているどんなことに対しても、自分なりの考えを語る。それは個人的なつぶやきではなく、耳を傾けるべき意見とみなされ、人々の耳を矢のように貫き、畏怖《いふ》させるだろう。

こうした声が聞こえてくるのは、ひとりでいるときだけだ。世間の中に入ると、その声は徐々に遠のき、聞こえなくなっていく。社会は、人々から人間らしさを奪うたくらみであふれている。

社会は、いわば株式会社だ。すべての株主にパンを行き渡らせるために、パンを食べる者の自由と教養は放棄される。もっとも求められる美徳は順応だ。自己信頼は嫌悪される。社会はものごとの本質や創造性ではなく、名目と習慣を愛する。

一個の人間でありたいなら、社会に迎合してはならない。不滅の栄誉を得たいなら、善という名目に惑わされることなく、それが本当に善かどうかを探究する必要がある。

結局のところ、自分の精神の高潔さ以外に、神聖なものはない。自分自身を牢獄から解き放てば、いずれ世界の賛同を得られるだろう。

*

私がまだ若かったころ、教会の古い教義を持ちだして、私を説得しようとする人がいた。人々の尊敬を集めていたこの人物に、私は次のようにいった。「自分の中から湧きあがってくるものだけを人生の指針としたいのです。そのように生きていくなら、伝統の神聖さがなんになるでしょう?」

その友はこういった。「しかし君の感じている衝動は、上からではなく、下から来ているものかもしれないではないか」。そこで私はこう答えた。「そんなふうには思われません。でも、もし私が悪魔の子なら、悪魔に従って生きていくまでです」

私にとって、自分の本性に関わる法則以外に神聖な法則はない。善や悪はたんなる呼び名にすぎず、簡単に他の言葉と置き換えられる。正しいものは私の性質に即したものだけであり、悪いものは私の性質に反したものだけである。

自分以外のものは名ばかりで、束の間の命しか持たないものと見なし、たとえ周囲のすべてが反対しようとも、自分の意見を貫くことだ。人間はいとも簡単にバッジや名前、大きな団体や死んだ組織にひれふしてしまう。そのことを考えると、恥ずかしくなるほどだ。

＊

私とて、身ぎれいで上品な言葉を話す人を前にすると、必要以上に影響を受け、心を揺さぶられる。しかし本当は背筋を伸ばし、はつらつとして、いつでも真実をありのままに語るべきなのだ。

慈善事業の皮をかぶっていれば、悪意や虚栄心も見逃すべきなのだろうか。狂信的な活動家が怒りに燃えながら、「奴隷制度廃止」という寛大な大義を掲げて、バルバドス［カリブ海の島。イギリスが植民地化し、一七世紀～一八三四年まで黒人奴隷に強制労働を強いた］の最新情報を伝えにやってきたら、私はこういってもよいのではないか。

「家に帰って、わが子をかわいがってやりなさい。あなたのために薪を割っている労働者をねぎらいなさい。穏やかで控えめでありなさい。そうした美点を自分のものとするのです。自分の冷酷で無慈悲な野心をごまかすために、はるか彼方の黒人に途方もない情けをかけるのはやめなさい。あなたが異国に投げかける善意は、あなたの周囲にいる者たちにとっては悪意でしかありません」

客人にこんなことをいうのは、粗野で無礼なふるまいかもしれない。しかし真実は、いつわりの愛情よりも人の心をとらえる。

善良さにも、ある程度の気骨は必要だ――そうでなければ、善良さは何も生まない。もし愛の教えが弱音や泣き言しか生みださないなら、バランスをとるために憎しみの教えも説かなければならなくなる。

自分の天分を果たすためなら、私は父、母、妻、兄弟からも距離をおくだろう。そして家の戸口の上には、「気まぐれ」と書きつけるつもりだ。それは気まぐれよりも少しは立派な行為だと思うが、その理由を説明していては一日が終わってしまう。

仲間を求める理由やひとりでいる理由を、私がいちいち明らかにするとは思わないでほしい。それから今日もある善良な人がしたことだが、すべての貧民の暮らしを改善することが私の義務だ、などというのもやめてもらいたい。

いったい彼らは私の貧民だろうか？　愚かな慈善家よ、君にいっておく。私に属しているのでもなければ、私が属しているのでもない相手には、一ドル、一〇セント、いや一セントでさえ与えるのは惜しい。

その一方で、世界にはまるで契りを交わしたかのように、心と心が離れがたく結ばれている人々がいる。このような人のためなら、私は必要とあらば牢獄に入ることもいとわない。しかし諸君が手広く展開している大衆向けの慈善事業や愚者のための大学教育、いまでは多くの人が夢中になっている、つまらない目的のための教会堂建設、飲んだくれのための施し、星の数ほどある救済団体などが相手ならどうか？　恥を忍んで告白すれば、私もときには説得に負けて寄附をしてしまうことがあるが、それは邪悪な金であり、近い将来には勇気を持って、そのような誘いは断ろうと考えている。

＊

世間の考えに従うなら、徳はあって当然のものというより例外に近い。人がいて、ときに徳があるというわけだ。人々は自分の勇気や慈悲心を見せるために善行を行う。それは行進に毎日参加しないことに対するつぐないとして、罰金を払うのとあまり変わらない。つまり彼らの善行は、自分の日常に対する謝罪であり釈明なのだ。それは病人や狂人が割り増しの部屋代を払うのと似ている。彼らが行う徳は、贖罪《しょくざい》にほかならない。

しかし、私は罪をつぐなうのではなく、生きたい。人生は生きるためにあるのであって、見せ物にするためではない。

きらびやかだが不安定な人生より、つつましくとも誠実で平穏な人生の方がずっと好ましい。健康で楽しい生活、食事制限も手術もいらない生活をおくりたい。

人と会うときは、相手が自立した人間かどうかを判断するために最低限の情報は知りたいと思うが、その人が入れ込んでいる行為を押しつけられるのはまっぴらだ。

たとえ世間では立派と見なされている行為でも、それをするかしないかは私にとってはどうでもいいことだ。もともと私のものである権利を得るために、どうして金を払う必要があるだろう。私の才能はわずかで平凡かもしれないが、私はたしかに私として存在しており、わざわざ二次的な証拠を持ちだして、そのことを自分や仲間に納得させる必要はない。

私がしなければならないのは、私にかかわることだけであって、他人が考えていることではない。

＊

この基準を守るのは、実生活でも知的生活でも同じように困難だが、重要なものと些末《さまつ》なものを見分けるには最高の指標だ。やっかいなことに、世界には他人の本分を本人よりも知っていると思い込んでいる人々がいる。

世間の中にあって、大衆の意見に従うことはたやすい。ひとりでいるなら、自分の意見に従うのは造作もないことだ。偉大な人とは、たとえ群衆の中にあっても、ひとりのときと同じ独立心を保ち、にこやかな態度で人と接することのできる人である。

自分にとって、すでに意味を失った慣習に従う必要はない。そのようなことをすれば、自分の力を浪費するだけだ。時間は無駄になり、自分らしさも失われる。

形骸化した教会を維持したり、機能していない聖書協会に寄附をしたり、政府を支持あるいは批判するために多数党に投票したり、卑しい家政婦のように食卓を飾り立てたり――このようなことをしていては、あなたの本当の姿はベールでおおわれ、周囲からは見えなくなってしまう。無論あなたの人生からも、たくさんの力が奪われることになる。しかし自分本来の仕事をするなら、あなた自身が見えてくる。

自分の仕事をするのだ。そうすれば、もっと強くなれる。

＊

社会に盲従するのは、「目隠し遊び」をするようなものだ。所属している教派がわかれば、目をつぶっていても、その人の主張は予想がつく。たとえば牧師が聖句を読み、説教のテーマを告げるだけで、私は彼が聖書の言葉を使って自分の教会の制度を正当化しようとしていることがわかる。彼が新しい言葉、自分の内側から自然に湧きあがってくる言葉で語ることはない。説教を聞くまでもなく、私にはそれがわかる。

牧師は教会制度の根拠を明らかにするとうそぶくが、実際には何もしない。彼はひとりの人間としてではなく、教区の牧師として、特定の側面——許された側面しか見るまいと心に決めている。私にはそれがわかる。

彼はいわば組織のお抱え弁護士であり、彼の法廷にはうわべだけの空虚な空気がたちこめている。それにもかかわらず、ほとんどの人はハンカチで目隠しをして、自分が属しているコミュニティの意見に従っている。

このような盲従は、いくつかの嘘や欺瞞《ぎまん》ではなく、あらゆる点で不実な人間を生みだす。

彼らのいう真実は、どれも完全な真実ではない。彼らのいう二は真の二ではなく、四は真の四ではない。そのため、彼らとの会話は常に落胆に終わる。彼らを矯正しようと思っても、どこから手をつけていいのかわからないほどだ。

その間も、人々は着々と自分の与《くみ》している集団の囚人服をまといはじめる。顔や姿はだんだん似通ったものとなり、次第にこの上もなく従順で呆けた表情を浮かべるようになる。

中でも、ほとんどの人が経験する屈辱が、「何かを誉めそやすときの間抜け面」だ。気詰まりのする場所で興味のない会話に答えるとき、人はつくり笑いを浮かべる。筋肉は自然にではなく、低俗な意志によって無理矢理に動かされ、顔の輪郭はこわばり、不快きわまりない気分になる。

社会に服従することを拒めば、世間の不興を買ってむち打たれるだろう。だから人は他人の表情を見て、相手の機嫌をうかがうようになる。

社会に迎合しない人は、路上や友人の家で周囲の人から白い目で見られる。もし大衆の示す嫌悪が、彼と同じように軽蔑や抵抗心に根ざしたものなら、残念ではあるが受け入れるほかない。しかし世の人々の渋面は、そのやさしげな表情と同様に、深い理由などない。それは風がふくまま、新聞の論調に合わせて浮かんだり消えたりする。

とはいえ、大衆の不満は議会や大学の不満よりも手ごわい。

意志が強く世慣れた人なら、教養階級の怒りを耐えるのはたやすい。教養人の怒りは礼儀正しく、分別がある。それは彼ら自身が非常に傷つきやすく、臆病な人間だからだ。しかし教養階級のめめしい怒りに大衆の憤りが加わったらどうか？　扇動家が無学な者や貧しい者たちをけしかけ、社会の底辺でとぐろを巻いていた愚かで野蛮な力がうなり声をあげはじめると、よほど度量が大きく、信仰心の篤《あつ》い人でもなければ、涼しい顔で泰然と構えていることはできない。

＊

人々を自己信頼から遠ざけているもうひとつの恐怖は、一貫性である。ある人がどう行動するかを予測するには、その人の過去の行為を見るほかない。本人も周囲を失望させたくないと思っているので、過去の言動を過度に重んじる。

しかし、なぜいつも分別を持っていなければならないのか。公の場で述べたことと矛盾するまいと、なぜいつまでも記憶の屍《しかばね》を引きずりまわさなければならないのか。

仮に矛盾したとして、それがなんだろう。記憶だけに頼らないこと、たとえ記憶がはっきりしているときでも、なるべく頼らないようにすること、常に現在の視点から過去を徹底的に検証し、日々新しい一日を生きること、それこそが賢明な態度だと思われる。

形而上学は神の人格を否定したが、魂がふるえるような衝動を感じたときは、たとえそれが神に形と色を与えることになっても、その衝動に心も命も委ねるべきだ。ヨセフが上着を脱ぎ捨てて不貞行為を迫る女の手から逃れたように、持論などは捨てて逃げ去るがよい。

愚かな一貫性は子どもの想像力が生みだすおばけであり、器の小さい政治家、哲学者、宗教家たちがあがめるものだ。一貫性と偉大な魂の間にはなんの関係もない。一貫性を気にするのは、壁に映った自分の影を気にするようなものだ。

いま考えていることを断固として語りたまえ。そして明日は、たとえ今日いったことのすべてと矛盾していても、そのときに考えていることを断固として語るのだ。

そんなことをすれば間違いなく誤解される、と思うかもしれない。では、聞こう。誤解されることはそれほど悪いことだろうか？　ピタゴラスは誤解された。ソクラテスも、イエスも、ルターも、コペルニクスも、ガリレオも、ニュートンも、かつてこの世に生をうけた純粋で賢明な霊はみな誤解された。

偉大であることは、誤解されることなのだ。

私には、自分の本質に背くことのできる人はひとりもいないように思われる。アンデスやヒマラヤの起伏も、地球全体の曲線から見ればとるに足らないように、ころころと態度が変わっているように見えても、その人自身の法則に照らせば、ある範囲におさまっているものだ。その人をどう評価し、試そうと、それは変わらない。

人格は、折句やアレクサンドリア風の詩節のようなものだ——前から読んでも、後ろから読んでも、斜めに読んでも、同じつづりになる［厳密にいえば、この例としては折句やアレクサンドリア風詩よりも回文が適当である］。

＊

いま私は神に許されて、森の中のわが家で快適な暮らしを営んでいる。この内省的な日々の中で、未来を予想することも、過去をふりかえることもなく、ただ現在の正直な想いをつづっていきたい。意識したり、あえて確認したりしなくても、それは必ずや均整のとれたものとなるだろう。

私のノートからは松の香りがただよい、虫の声が聞こえてくる。私の文章には、窓辺を訪れるつばめがくわえている糸くずやわらが織り込まれる。

＊

人は、その人自身でしかありえない。その人を語るのは、意志よりも人格だ。ところが人々は、目に見える行為だけが自分の美徳や不徳を伝えるものと考え、一瞬の息づかいにも、自分の美徳や不徳が現れていることに気づかない。

ばらばらに見える行為も、自然に正直に行われたものなら、なんらかの共通点を持っているものだ。同じ意志から出た行動なら、ぱっと見にはそうは見えなくても、そこには必ず調和がある。少し距離を置いて、やや高い視点から眺めれば、細かな違いは見えなくなる。ひとつの共通点によって、すべてが統合されるのだ。

どんなに立派な船も、無数の方向転換をくりかえしながら進んでいく。蛇行しているように見えても、ある程度の距離から眺めれば、実はひとつの方向に向かって、まっすぐに進んでいることがわかる。それと同じように、もし誠実に行動するなら、それがその行為はもちろん、あなたが行うすべての誠実な行為を説明してくれるだろう。

世間に迎合していては、どんな行動も説明できない。自分の道を行くのだ。そうすれば過去の行為が、いまの自分を正当化してくれる。

偉大な行為は未来にはたらきかける。私がいま、世間の目を気にすることなく、自分が正しいと思ったことを実行できるとすれば、それはいまの自分を正当化してくれるような正しい行為を、過去に行っていたからにちがいない。

こうなりたいと思う自分にいま、なるのだ。いま行動せよ。どんなときも人目を気にしないように努めれば、常にそうできるようになる。

人格の力は積み重なる。過去に徳に励んだ日々が、活力にあふれたいまをつくるのだ。すぐれた政治家や戦場の英雄はなぜ威厳があるのか？　何が人々の想像をかきたてるのか？　過去の治世と勝利の意識がそうさせるのだ。過去が光の束となって、いま歩み出ようとする人を照らしだすのだ。まるで一群の天使がつき従っているかのように。それがチャタム［イギリスの政治家］の声に雷鳴を、ワシントンの態度に威厳を、アダムズ［アメリカの第二代大統領］の目にアメリカを与えたのである。私たちが名誉を尊ぶのは、それが一瞬のものではないからだ。名誉はいにしえの美徳であり、今日に属するものではないがゆえに賛美される。

人々が名誉を愛し、敬うのは、それが他者の愛や敬意を得るための罠ではなく、それ自体をよりどころとし、それ自体に由来するものだからだ。たとえ若者に示されたとしても、名誉は由緒正しい血統に連なるものなのである。

*

最近、私は世間に合わせるとか一貫性とかいった言葉はもうなくしてしまいたいと思っている。いっそ、これらの言葉は嘲笑すべしと官報に記載してはどうだろう。夕食を知らせる鐘の音よりも、スパルタ軍の勇壮な横笛の音を聞かせてほしい。

わけもなく人に頭を下げたり、詫びたりするのはもうやめよう。どこかの要人を夕食に招くことになっても、彼の機嫌をとるつもりはない。むしろ私を喜ばせてもらいたいくらいだ。私は彼を重要人物としてではなく、同じ人間として迎える。和やかな場にはしたいが、自分を偽るつもりはない。

敢然と立ち上がって、世間に蔓延している、あののっぺりとした凡庸《ぼんよう》さや卑しい満足感を堂々と非難しよう。あらゆる歴史が示している事実、つまり人間の行動の背景には必ず、その原因となった偉大な「思想家」なり「行為者」がいること、真の人間は他のどの時代や場所でもなく、いまこの瞬間に万物の中心にいるということを、因習と商人と官吏につきつけよう。

真の人間がいるところには自然がある。真の人間はあなたを、あらゆる人やできごとを眺める。社会を構成している人々は、たいていなんらかのものや人を連想させるが、人格や真実は宇宙全体にとって代わるものであり、他のものや人を思い起こさせることはない。

真の人間は、環境の違いをとるに足らないものにしてしまうほど、大きな存在であるにちがいない。真の人間は誰もが原因であり、国であり、時代である。

どれだけの空間と数字と時間があっても、このような人の考えを完璧に実現することはできない。そして後世の人々は、まるで従者のように列をなして彼のあとをついていくだろう。

シーザーが出現すると、ローマ帝国の時代が長く続いた。キリストが生まれると、数百万人がその天才にすがって成長し、やがてキリストは美徳や人間の可能性と同一視されるようになった。

組織は、ひとりの人間の影を引き伸ばしたものにすぎない。たとえば修道院制度は隠者アントニー［エジプトの聖者。修道院制度の開祖］の影であり、宗教改革はルターの影、クエーカーの教義はフォックス［クエーカー派の創始者］の影、メソジストの教義はウェスレー［メソジスト派の創始者］の影、奴隷制度廃止はクラークソン［イギリスの反奴隷制運動指導者］の影である。ミルトンはスキピオ［古代ローマの名将］を「ローマの頂点」と呼んだ。あらゆる歴史は、一握りの勇敢で情熱的な人々の伝記にいとも簡単に還元される。

ならば人間は自分の価値を知り、常に主体的に行動するべきではないか。世界は自分のためにあるのに、まるでもぐりの商人のように、のぞき見をしたり、盗みをはたらいたり、こそこそと歩きまわったりする必要があるだろうか。

＊

道を行き交う人々は、塔を建て、大理石の神像をつくりあげた力に相当する価値が自分にもあることに気づかず、塔や像を眺めては惨めな気分になっている。彼らにとって、宮殿や彫像や高価な書物は従者付きの豪華な馬車のようなものだ。それは自分とは無縁の近寄りがたいものであり、まるで「どちら様かな？」と車上から問いただされている気分になる。

しかし実際には、それらはみな彼らのものだ。すべてが彼らに注目されることを求め、彼らが能力を発揮して、自分たちを手に入れてくれることを願っている。

一枚の絵は私の意見を待っているのであって、絵が私に指図しているのではない。賞賛を求める絵に対して、私がどうするかを決めるのだ。

あなた方は、酔っぱらいに関するあの有名な小話をご存じだろう。酔いつぶれ、路上で寝ていたところを拾われた男は、そのまま公爵の館に運ばれ、身体を洗い、服を着せてもらい、公爵のベッドに横たえられる。そして目を覚ますと、まるで公爵のように慇懃《いんぎん》に扱われ、これまでは頭が変になっていただけで、自分は公爵なのだと思い込まされる。

この寓話が多くの人に愛されているのは、人間が置かれている状況をみごとに表しているからだ。つまり、この世の人間は飲んだくれのようなもので、たまさか正気に戻るときに、自分は本物の貴公子だと気づくのである。

*

本を読むときも、人々はまるで物乞いのようにこびへつらう。歴史を読むときは、想像力が真実をねじまげる。

小さな家に住み、額に汗して働いている無名のジョンやエドワードと比べると、王国、君主、権力、領土といった言葉には華やかな魅力がある。しかし誰にとっても、人生で起きることはそう変わらない。総括すれば、どちらの人生も同じなのだ。

なぜアルフレッド［ウェセックスの王］やスカンデルベク［アルバニアの英雄］やグスタフ［スウェーデンの王］をそれほど尊敬しなければならないのか。たとえ彼らが有徳の人物だったとしても、彼らはその徳を使いつくしただろうか。王たちの偉業は歴史に刻まれたが、ふつうの人々が今日、人知れずに行う行為にも大きな報酬が与えられていいはずだ。

自分の考えに従って行動するなら、栄誉は王の行為から市民の行為へと移されるだろう。

世界は王を師とあおぎ、王は諸国民の注目を一身に集めてきた。つまり世界は、人間が人間に等しく払うべき敬意を、この巨大な象徴によって教えられてきたのである。

人々は嬉々として王や貴族や大地主に忠節を尽くした。それはおぼろげながらも、彼らが自分たちの権利や美しさ、そして万人の権利に気づいているることを示すものだったが、王たちは人々の忠誠を利用して勝手に法をつくり、世間の尺度など無視して、自分の尺度だけで人やものを評価し、恩恵は金ではなく名誉で与え、自分が法だと宣言した。

＊

独創的な行為はなぜ人を引きつけるのか。それは、自己信頼の理由を探っていくと説明がつく。

「信頼される者」とは誰か。

どんなときにもよりどころとなる、大本の「自己」とは何か。

独立心がちらりとでも見えれば、どんなに些末で不純な行為であっても美しく照らしだすあの星、視差もなく、測定可能な要素もない、科学を困惑させるあの星の本質と力は何か。

こう問いかけていくと、才能と徳と命の本質であり、私たちが「自発性」や「本能」と呼ぶ、あの根源に行きつく。

後天的に授けられるものを教育というのに対し、この根源的な知恵は「直観」と呼ばれる。この奥深い力、どんなに分析しても明らかにしえない究極の事実の中に、万物の起源がある。

穏やかな気持ちでいるとき、なぜかはわからないが魂の中に実在の感覚――自分はあらゆるものや空間、光、時間、人間と異なるものではなく、一体であり、それらの命や存在と同じ源から生じているという感覚が湧きあがってくる。

私たちも最初は万物を支えている命を共有しているが、やがて人間以外のものをたんなる自然現象と見なし、自分も同じ大本から生まれたことを忘れてしまう。

しかしここにこそ、行動と思考の源泉があるのだ。ここに人間に知恵を授け、不信心者や無神論者でもなければ否定できない、霊感を吸い込む肺があるのだ。

私たちは果てしなく広がる叡智《えいち》の膝に身をもたせている。この叡智は私たちに真実を伝え、私たちを使って世界にはたらきかける。

正義を見つけ、真実を見分けるとき、私たちは何かをしているわけではない。ただ叡智が発する光を通しているのだ。それがどこから来たのかを尋ねたり、大本の魂を詮索したりしても、哲学は何も教えてくれない。それが存在するかしないか、はっきりといえるのはそれだけだ。

人は誰でも、自分が意識的に行っていることとは別に、無意識に知覚しているものがあること、そして無意識に知覚しているものこそ、全幅の信頼に値することを知っている。うまく言葉にはできなくても、その存在は昼と夜のように明白であり、疑いを差しはさむ余地はない。

私が意識して行おうとすることや手に入れようとするものは移り変わる。しかし、とりとめもない空想や、かすかで素朴な感情は私の好奇心と敬意を捉えて離さない。

思慮のない人々は他人の意見を簡単に否定する。もし無意識に知覚しているものを口にすれば、それと同じくらい、いやそれ以上に否定されるだろう。彼らは知覚を意見と混同しているのだ。

人々は、あなたが自分の見たいものだけを見ていると思っている。しかし知覚は気まぐれに起きるのではない。宿命的に起きるのだ。

私が何かに気づけば、私の子孫も、いずれは全人類もそれに気づくだろう。たとえ私以前には誰ひとり、それに気づいた人はいなかったとしても、私がそれを知覚したことは太陽の存在と同じくらい、揺るぎない事実だからだ。

＊

人間の魂と神聖なる霊は、何かを介在させることが冒涜《ぼうとく》だと思われるほど、純粋な絆で結ばれている。

神は常にひとつではなく、あらゆることを語る。そして世界を神の声で満たし、その思考の中心から光、自然、時間、魂を放ち、新しい紀元を起こし、万物を新たに創造する。

精神が無垢で、天から神聖な知恵を受けとっているときは、古いものは消え去っていく——手段、教師、教科書、神殿は滅び、精神はいまを生き、過去と未来を現在に吸収する。

あらゆるものは、無垢な精神とつながることで一様に神聖になる。一切のものは、それぞれの理由で万物の中心と溶け合い、無数の小さな奇跡は、この普遍的な奇跡の中に消えていく。

ゆえに、もし自分は神を知っており、神を語ることができるという人物が現れ、どこかの国の古い言葉をまくしたてて、あなたを過去に引きずり戻そうとしても信じてはならない。

どんぐりは、その完成形である樫の木より優れているだろうか？　親は、成熟した自分を投影した子どもより優れているだろうか？　そうではないなら、過去を崇拝するこの風潮はどこから来たのだろう。

過去は、魂から健全さと威厳を奪う陰謀者である。時間と空間は目が生みだす生理的な色彩にすぎないが、魂は光だ。光があるところは昼であり、光があったところは夜である。歴史は、私の現在と未来に関する快い寓話やたとえ話にすぎず、もしそれ以上のものであるなら、見当はずれの有害なものでしかない。

＊

人間は臆病で弁解ばかりしている。すっかり自信を失い、「私はこう思う」とか「私はこうだ」といい切る勇気もなく、どこかの聖人や賢人の言葉を引用している。

草の葉や咲きこぼれるバラを見ると、自分が恥ずかしくなる。わが家の窓の下で咲いているバラは、過去のバラや、もっと美しいバラを気にかけたりはしない。

これらのバラは、あるがままに咲いている。神とともに今日という日を生きている。これらのバラに時間はない。ただ、バラというものがあるだけだ。

バラの一生は、どの瞬間を切り取っても完璧である。葉の芽が萌え出る前から、その命は躍動しており、花が満開になったら増えるというわけでもなく、葉が落ち、根だけになったら減るというわけでもない。バラの本質は、どの瞬間においても等しく満たされており、自然もまたバラの存在に満たされている。

しかし人間は何かを先延ばしにしたり、過去をふりかえったりする。いまを生きずに過去を悔やんだり、自分を取り巻いている豊かさに目を向けず、つま先だって未来を予見したりしている。バラと同じように時間を超越し、いまを自然とともに生きるようにならなければ、私たちは幸福にも強くもなれないだろう。

これは自明のことであるはずだ。ところが卓越した知性の持ち主でさえ、ダビデ［旧約聖書に登場する古代イスラエルの王］とか、エレミヤ［旧約聖書に登場する預言者］とか、パウロ［新約聖書の著者のひとり］とかいった人々の言葉を通してでなければ、神の声を聞く勇気がない。

いったい二、三の聖句や伝記ばかりを、いつまでもありがたがっていてよいものか。それでは祖母や家庭教師の言葉をオウム返しにする子どものようなものだ。もう少し大きくなると、今度は偶然出会った才能豊かな人々や人格者の言葉を必死にそらんじるようになる。やがて自分も同じような見識を持つにいたると、ようやく彼らを理解し、その言葉を手放す気になる。必要なときにはいつでも、彼らと同じくらいうまく話せるようになったからだ。

正直に生きるなら、真実が見えてくる。強い者が強くあるのは、弱い者が弱くあるのと同じくらいたやすい。新しい認識を得れば、後生大事に取っておいた記憶も、ホコリをかぶったがらくたとして、なんのためらいもなく捨てられるようになるだろう。

神とともに生きる人の声は、小川のせせらぎやとうもろこしの葉がたてるやわらかな音のように、聞く者の心をやさしくなぐさめる。

*

さて、この主題に関する究極の真実はまだ述べられていない。それは言葉では語りえないものかもしれない。語るということは、直観したものをはるかかなたから思い出そうとすることだからだ。

いまの私にできる範囲で言葉にするなら、その考えは次のようなものである。

善が近くにあるとき、自分の内部に命を感じるとき、それは既知の方法や習慣によってそうなるのではない。

そこには誰の足あともない。誰の顔も見えず、誰の名前も聞こえてこない。その方法、考え、善はほかに類を見ない、まったく新しいものであるはずだ。活用できる前例もなければ経験もない。それは他者から離れる道であって、他者に至る道ではない。

もう忘れられてしまったが、かつて生をうけた人はみな、この道に仕えていた。恐れも希望も、この道にはふさわしくない。希望の中にさえ、何か低俗なものがある。

悟りの瞬間には、感謝と呼べるようなものも、歓喜と呼ぶべきものもない。魂は情欲を超越したところで同一性と永遠の因果を眺め、「真理」と「正義」が何にも依存することなく、ただそれ自体として存在していることを悟り、すべては順調に進んでいるのだと知って安堵する。

大西洋や南洋といった大自然の広大な空間も、幾年、幾世紀といった時のへだたりも、ここではなんの意味も持たない。私が考え、感じていることのことは、私の現在を支えているだけでなく、過去のあらゆるときと状況、生と呼ばれるもの、死と呼ばれるものを支えてきたのである。

*

価値があるのはいま生きていることであって、過去に生きたことではない。

力は活動を止めた瞬間に消える。そして過去から新しい状態に移る瞬間、深い淵を飛び越えるとき、目標に向かって突き進むときに現れる。

魂は固定されたものではなく、常に変化の過程にある。この事実を世界は忌み嫌う。それは、この事実が過去の価値を永遠におとしめ、すべての富豪を貧乏人に変え、すべての名声を恥辱に変え、聖人とごろつきを同列に扱い、イエスとユダをいっしょくたに片づけてしまうからだ。

ではなぜ、私たちは自己信頼の話をしているのか。それは魂が存在するかぎり、力も存在するからである。それは何かに頼る力ではなく、自ら行動する力だ。

信頼を語っても、言葉はむなしく空まわりする。むしろ信頼を寄せている主体、実際に活動し、存在しているものについて語ろう。

万物の原理に私よりも従順に従っている人は、一本の指も動かすことなく私を支配する。私は霊の引力によって、その人の周りをぐるぐるとまわらずにはいられない。

私たちはすばらしい美徳の話をするが、それはたんなる修辞であって、現実の話ではないと思っている。徳は「至高」のものであり、柔軟な態度で原理に身を委ねている人や集団は、そうでないすべての都市、国家、王、富者、詩人を自然の法則によって圧倒し、意のままにできることがわかっていないのだ。

*

すべてのものは祝福された「一なるもの」に帰する。これは今回の主題にかぎらず、何について論じるときも、すぐに導きだされる究極の事実だ。なんの支えも必要とせず、ただそれ自体として存在することは「万物の根源」の性質であり、あらゆるものの価値は、この性質をどれだけ備えているかによってはかられる。つまり実在するものはすべて、多くの徳を備えているがゆえに、この世に存在しているのだ。

商業、農業、狩猟、捕鯨、戦争、雄弁、個人の影響力といったものはみな、徳と不純な行為が共存している例として、私の興味を引かずにはおかない。

自然界でも、種の保存と成長のために同じ法則がはたらいている。自然界では力が正しさをはかる重要な尺度だ。自然は自らを助くことのできないものを、自身の王国から容赦なく放りだす。惑星の誕生と成熟、そのバランスと軌道、強風にたわみながらも身を起こそうとする木、あらゆる動植物の生態は、自立し、自らをよりどころとする魂の存在を示している。

こうして万物はひとつのものに集約される。外をさまよっていてはならない。万物の根源とともに、自らの内にとどまっていよう。この神聖な事実を単刀直入に告げ、押し入ってこようとする人々や書物や制度を驚かせ、あっといわせるのだ。

侵入者には靴を脱ぐよう命じよ。あなたの内には神がいるのだから。素直な心で彼らを判断するのだ。自分自身の法に従って生きるなら、人間には本来、自然や運命が及びもつかない豊かさが宿っていることを証明できるだろう。

しかし、いまの私たちは愚民にすぎない。

人間という存在に畏敬の念を抱くこともなく、自分の才能を信じて、内なる海と親しむよう諭されることもなく、他人の水がめから一杯の水をめぐんでもらおうと外に出かけていく。

人間はひとりで歩まなければならない。私はどんな説教よりも、礼拝が始まる前の静かな教会が好きだ。自分だけの聖域や神殿に身をおき、ひとり黙している人々の顔は、なんと神々しく、清らかで、慎み深いことだろう！

だから常に座していよう。友人や妻や父や子どもと同じ暖炉を囲んでいるからといって、あるいは彼らと同じ血が流れているからといって、なぜ彼らの欠点まで身につけなければならないのか。

人類には私の血が流れ、私には人類の血が流れている。だからといって、彼らの短気や愚かさを取り入れるつもりはない。むしろ、恥ずかしいと思うくらいだ。

ただし、こうした孤独は機械的ではなく、霊的なもの、自分を高めてくれるものでなければならない。

ときには全世界が共謀して、自分を些末なことで悩ませるように思うかもしれない。友人、依頼人、子ども、病人、恐れ、欠乏、慈善が、あなたの部屋のドアをいっせいにノックし、こういうのだ――「どうか、こちらへ来てください」。しかし、動いてはならない。彼らの混乱の中に入っていってはならない。愚かな好奇心が、自分を悩ませる力を相手に与えるのだ。私自身が行動を起こさないかぎり、誰も私に近づくことはできない。「われわれは自分が愛するものを手にしているが、欲望によって、その愛を自ら失う」のである。

＊

服従と信仰という聖なる境地にいますぐ達することはできなくても、せめて誘惑には抵抗しよう。雄々《おお》しい戦士となって、内なるサクソン人の胸にトール神とオーディン神［ともに北欧神話の戦神］、勇気と忠誠を呼び覚ますのだ。

いまのような平和な時代には、これは真実を述べることで成し遂げられる。仮面の笑顔で人々をもてなしたり、いつわりの愛情をかけたりするのはやめよう。これ以上、自分を取り巻いている、欺《あざむ》き欺かれている人々の期待どおりに生きてはならない。

彼らにはこういうがよい。

「父よ、母よ、妻よ、兄弟よ、友よ。私はこれまで、外見ばかりに気をとられて、あなた方とともに生きてきました。でもこれからは真理の僕《しもべ》となります。今後は永遠の法を除いて、いかなる法にも従いません。血縁以外に、いかなる契りも結びません。

親を養い、家族を支え、ひとりの女の貞夫となる努力はします——でも、こうした関係は前例のない、新しい方法で結ばれることになるでしょう。世間の習慣に盲従するつもりはありません。私は自分自身でなければならないのです。私にはもう、あなた方のために自分を破滅させることも、あなた方を破滅させることもできません。

ありのままの私を愛してくださるなら、私たちはもっと幸せになれるでしょう。ありのままの私では愛せないというなら、ありのままで愛される人間になるよう努力するつもりです。

好き嫌いを隠すつもりはありません。深遠なものこそ聖なるものだと信じ、私の心が喜ぶもの、私の心が命じることを、いついかなるときも恥じることなく、断固として行うつもりです。

あなた方が気高い心の持ち主なら、私はあなた方を愛するでしょう。そうでないなら、うわべだけのつきあいをして、あなた方や自分自身を傷つけるつもりはありません。

あなた方はあなた方で、真実に忠実に生きているのかもしれない。でもその真実が私にとっての真実ではないなら、どうぞご自身の仲間を大切に。私は私の仲間を探します。利己心ではなく、謙虚で誠実な心からそうするのです。これまでどんなに長く嘘にまみれて生きてきたとしても、真実に生きることはあなた方のため、私のため、そして万人のためになります。

このような話を聞いても、いまは不快に思われるかもしれない。でもまもなく、あなた方もまた、私の本質ばかりでなく、ご自身の本質が命ずるものを愛するようになるでしょう。真実に従って生きていくなら、その真実が私たちを守り、導いてくれるのです」

——このようなことをいえば、友人たちを苦しめることになるかもしれない。その可能性がないとはいわないが、彼らの感情を傷つけたくないからといって、自分の自由と力を売り渡すことはできない。それに理性が目覚める瞬間、絶対真理の領域に目を向ける瞬間は誰にでもあるものだ。そのときには彼らも私の正しさを認め、同じことをするだろう。

*

世間一般の基準を拒否すると、世間はその人があらゆる基準を拒み、道徳律を廃しようとしているのだと考える。厚かましい感覚主義者は哲学の名を借りて、自分の罪をとりつくろおうとするだろう。

しかし世間の基準は無視できても、自分の意識からは逃れられない。懺悔《ざんげ》の席は二つある。われわれはどちらかの席に座って、罪のゆるしをえなければならない。つまり自分の基準に従って自分のつとめを果たすか、外部の基準に反射的に従うか、だ。

自分は父、母、いとこ、隣人、町、猫、犬と適切な関係を築いてきただろうか――誰かに非難される余地はないだろうか。しかし、このような外部の基準は無視し、自分の基準をもとに自分の行動を判断することもできる。

私には自分で定めた高い目標と揺るぎない世界観がある。この基準に照らせば、世間では義務と呼ばれている多くのことも、私にとっては義務ではない。自分の基準を満たすことができるなら、世間の基準に従う必要はなくなる。これを楽な道だと思うなら、一日でもそれに従ってみることだ。

実際、神のような性質を備えている人でもなければ、俗人的な動機を捨て、自分自身を信頼し、自らの監督者となることはできない。

その心は気高く、意志は揺るぎなく、瞳はどこまでも澄んでいる。

そのような人にとっては、真剣に守るべき教義、社会、法は自分自身をおいてない。その人の中では、たったひとつの素朴な目的が、ふつうの人々が人生の鉄則と考えているものと同じくらい重要なものかもしれないのだ！

「社会」と呼ばれているものの現状を見れば、このような倫理が求められていることは誰の目にも明らかだろう。現代の人々は身も心も脆弱《ぜいじゃく》で、おびえ、落胆し、たえず泣き言をいっている。真実を恐れ、運命を恐れ、死を恐れ、お互いを恐れている。

＊

私たちの時代は、偉大で完璧な人間をただのひとりも生みだしていない。誰もが生活や社会状況を革新してくれる男女を待ち望んでいるが、現実には大半の人が破産状態にあり、自分自身の欲求も満たせないのに分不相応な野心を抱き、朝から晩まで他者におもねって物乞いをしている。

私たちの人生は物もらいの生活と変わらない。私たちの芸術、職業、結婚、宗教は自分が選んだものではなく、社会が私たちのために選んだものだ。

私たちは口先だけの戦士にすぎない。運命がもたらす苦しい闘いは人を強くするが、私たちはこうした戦いを避けて通っている。

現代の若者は最初の計画が失敗に終わると、すっかり気落ちしてしまう。

若い商人が失敗をおかすと、周囲の人は彼の人生が終わったかのようにいう。

たぐいまれな頭脳の持ち主でさえ、大学卒業から一年以内にボストンかニューヨーク、あるいはその周辺の企業に就職しなければ、友人も本人も彼が落胆するのは当然で、残りの人生を文句をいいながら過ごしたとしても無理はないと考える。

それに対して、ニューハンプシャーやバーモントの田舎町から出てきた屈強な若者は、あらゆる職業に挑戦する。

家畜を追い、畑を耕し、商品を売り歩き、学校を経営し、説教し、新聞を発行し、議員になり、土地を買う。そうこうしながら、どんな苦境も猫のようにしなやかに脱していく。

このような若者には、都会の人形のような青年を百人合わせたほどの価値がある。

彼は時代と一体であり、「専門教育」を受けていないことをいささかも恥じてはいない。なぜなら彼は人生を先延ばしにするのではなく、すでに生きているからだ。彼にはひとつではなく、百のチャンスがある。

ストア派［ギリシャ哲学の一派。徳を身につけ、理性によって心の平静を得ることを目指した］の哲学者を呼んで、人間の可能性を論じさせるがよい。人間はしなだれかかる柳ではなく、自分の足で立つことができ、またそうしなければならないことを人々に伝えるのだ。

＊

自己信頼を実践すると、新しい力が姿を現す。

神の言葉が肉体をまとったのが人間だ。人間は、世界中の人をいやすために生まれた。同情されるのは恥ずべきことであり、法や書物や偶像崇拝や慣習などは窓から投げ捨て、自分自身に従って行動するなら、即座に世間はその人をあわれむのをやめ、むしろ感謝し、尊敬の念を抱くようになる——この事実を教えてやるのだ。
そうすれば人間の生は輝きを取り戻し、その功によって、この哲学者の名は永遠に語り継がれるだろう。

＊

自己信頼を高めていけば、あらゆる仕事と人間関係、宗教、教育、研究、生活様式、交際、財産、観念に革命が起きることは想像にかたくない。

［二］人々はなんという祈りをささげていることだろう！
人々が聖なるつとめと呼んでいるものは、それほど立派でもなければ勇ましくもない。彼らの祈りはいつも外を向いている。自分とはなんの関わ

りもない美徳を通して、何か見知らぬものが外側から付け足されることを求め、自然と超自然、仲介者と全能者の果てしない迷路に迷い込んでいる。

特定の利益を求める祈り、なんであれ、万人にとっての善でないものを求める祈りは有害である。祈りとは、至高の観点から現実を深く静かに思うことだ。それは人生を眺め、歓喜する魂の独白である。自らのわざを善しと宣《のたま》う神霊の声である。

しかし私的な目的をかなえるための祈りは下劣であり、盗みに等しい。そのような祈りは自然と意識を一元的ではなく、二元的に捉えている。神と一体になった人は、もはや物乞いをしない。そしてすべての行為に祈りを見いだしていく。跪《ひざまず》いて畑の雑草を抜く農民の祈りや、膝をついて船をこぎゆく人の祈りは、卑近な目的のためではあっても、自然のいたるところで聞かれる本物の祈りだ。

フレッチャー［イギリスの劇作家］の戯曲『ボンドゥカ』に登場するカラタクは、オーデイト神の御心を問うよう命じられたとき、こんなふうに答えている――

秘められたる神意は、われらの努力のうちにあり
勇気こそ、われらのもっとも大切な神なり

もうひとつの誤った祈りは後悔である。

不満をいうのは自己信頼が足りず、意志が弱いからだ。不幸を悔いれば、

不幸な目にあった人を助けられるというなら、そうするがよい。そうでないなら、自分の仕事をするのだ。そのとき、すでに復活のプロセスは始まっている。

後悔と同じく、同情にも価値はない。

私たちは恥も外聞もなく泣いている人のところへ行き、そのかたわらに腰をおろして、もらい泣きをする。たとえ相手が大きなショックを受けようとも、真実を伝え、その人が元気を取り戻し、ふたたび理性とつながることができるようにしてやることはない。

幸運をつかむ鍵は手元の喜びにある。神にも人にも常に歓迎されるのは自立した人間だ。そのような人には、あらゆる扉が大きく開かれ、あらゆる歓迎の言葉が述べられ、あらゆる栄誉が授けられ、あらゆる人が熱いまなざしを注ぐだろう。

その人は、私たちの愛を求めなかったがゆえに、私たちの愛を一身に集める。私たちの非難を無視し、わが道を行くがゆえに、私たちは必死になって、まるで詫びるかのように彼の機嫌をとり、誉めたたえる。

人間が彼を憎んだがゆえに、神々は彼を愛する。ゾロアスター〔ゾロアスター教の開祖〕がいったように、「聖なる神々は疾風のごとく、不屈の人のもとに降り立つ」のである。

人間の祈りが意志の病だとすれば、教義は知性の病である。

人々は、あの愚かなイスラエルの民とともにこういうだろう。「どうか、私たちに話してください。私たちは聞き従います。しかし、神が私たちにお話しにならないように。私たちが死ぬといけませんから」〔旧約聖書出エ

ジプト記第二〇章一九節〕

どこへ行っても、私は兄弟の内に宿る神と会うことを妨げられる。なぜなら兄弟は自分の神殿の扉を閉ざし、自分の兄弟の、あるいは兄弟の兄弟の神の寓話ばかりを唱えているからだ。

人間の精神には、ひとつとして同じものはない。ところがロック〔イギリスの哲学者〕、ラボアジェ〔フランスの化学者〕、ハットン〔イギリスの地質学者〕、ベンサム〔イギリスの法学者、哲学者〕、フーリエ〔フランスの社会思想家〕のような非凡なはたらきと力を備えた精神が現れると、その精神は一派を築いて、他の精神を従えはじめる。彼らの満足度は、その思想の深さや広がり、弟子たちが到達しうるものごとの数によって決まる。

しかし、この傾向がもっとも顕著に見られるのは教義と教派だ。教義や教派というものも、人間のつとめや神との関係についての根本概念に多大な影響を及ぼしている、強烈な精神の分類にすぎない。

たとえばカルバン主義、クエーカー主義、スウェーデンボルグ主義などがそうだ。弟子たちはあらゆるものを師が定めた新しい言葉で呼ぶことで、植物学を学んだばかりの少女が、地球と季節を新しい目で眺めるのと同じ喜びを得る。

しばらくの間は師の精神を学ぶことで、自分の知力も成長したように感じるかもしれない。しかし未熟な者はこうした分類を盲信し、その分類をいずれは使い古される手段ではなく、究極の目的と捉える。そして自分が属する一派に限界はなく、師の理論は全宇宙にあてはまると思い込む。彼らの目には天の星さえ、師が建てたアーチからつり下がっているように見えるのだ。

　彼らはよそ者にも星を見る権利があるとは思えず、どうして彼らに星が見えるのか、想像もつかない。そこで「なんらかの方法で、われわれから光を奪ったにちがいない」と考える。光は特定の派に属したり、征服されたりすることはなく、どんな小屋にも、彼らの小屋にさえ差し込むことがわかっていないのだ。

　しばらくは好きにまかせ、光は自分のものだといわせておくがよい。彼らが正直で立派に生きていくなら、いまはこぎれいで新しい檻も、やがて窮屈で頭のつかえるものとなり、ひび割れ、傾き、朽ち、消えてなくなるだろう。そのとき不滅の光が、永遠の若さと喜びにあふれた光が、とりどりの色をまといながら無数の軌道を描いて、天地創造の朝のように宇宙に放たれるだろう。

［二］「旅行」という迷信が、いまだに教養あるアメリカ人を魅了してやまないのは自己修養が足りないからだ。

人々はイタリア、イギリス、エジプトといった国々を崇拝している。しかしイギリスやイタリアやギリシャが神聖な土地だと思われているのは、これらの土地の人々が、まるで地軸のように自分の土地を離れなかったからだ。力がみなぎっているときは、自分のつとめこそ、自分がいるべき場所だと思える。

魂は旅人ではない。賢明な人間は家にとどまる。必要や自分のつとめに迫られたときは家を離れ、ときには外国を訪れることもあるが、その際も心はわが家にいるようにくつろいでいる。その様子を見た人は、彼が知恵と徳の伝道者であり、もぐりの商人や従者のようにではなく、まさに君主のように都市や人々を訪れていることに気づくだろう。

ふるさとを愛しているなら、あるいは自分が知っていることよりも、もっと大きなものを見つけたいがために外国を訪れるのでないなら、私も芸術や学問や慈善のために世界をめぐることを、いちいちとがめ立てるつもりはない。

しかし娯楽のため、あるいは自分にないものを手に入れるために旅をする人は、自分から逃げているのだ。

古いものに囲まれていると、若者でさえ年老いていく。テーベ［エジプトの古代遺跡］やパルミラ［シリアの古代遺跡］では、旅人の意志と精神もその土地と同じように古く、くたびれたものとなる。彼は廃墟に廃墟をもたらしているのだ。

旅行は愚者の楽園である。一度でも旅をすれば、どの土地も似たり寄ったりだとわかるだろう。

家にいるときはナポリやローマを想い、これらの都市を訪れれば、美が自分を酔わせ、悲しみを忘れさせてくれるにちがいないと考える。荷造りをし、友人たちに別れを告げて海に乗りだせば、船はある朝、ナポリの港に到着する。

しかしふと横を見ると、そこには逃げだしてきたはずの厳しい現実、つまり惨めな自己が、以前と寸分たがわぬ姿で冷然とたたずんでいるのだ。

私はバチカンを訪ね、宮殿を見てまわる。景色や感慨に酔っているふりをするが、本当は酔ってなどいない。どこに行こうと、私の分身である巨人がついてくるのだから。

［三］こうした旅行熱は、人々の知的活動そのものが根底から揺らいでいることを示している。

知性は放浪者のようにさまよい、現代の教育制度によって、ますます落ち着きを失っている。

肉体が家にしばられていると、精神は旅に出る。私たちは模倣するが、それは精神の旅にほかならない。

人々は異国風の家を建て、外国趣味の装飾品で棚を飾り、自分の意見や趣味や能力よりも「過去のもの」や「遠くにあるもの」を好み、それをまねる。しかし優れた芸術はどれも、人間の魂がつくりだしたものだ。芸術家はモデルを自分の精神の中に求めた。自分の感覚をもとに、何をすべきか、どうあるべきかを考えた。

ならば現代に生きる私たちが、どうしてドリス様式［古代ギリシャの建築様式］やゴシック様式［中世ヨーロッパの建築・美術様式］をまねる必要があるだろう。美しいものや便利なもの、壮大な思想や趣のある表現は彼らだけのものではなく、私たちのそばにもあるのだ。

もしアメリカの芸術家が希望と愛をもって自分がすべきことを深く考え、その土地の気候風土、日照時間、住民が求めているもの、政府の慣習や形態を検討したなら、これらの条件をすべて満たし、なおかつ趣味や情緒の面でも満足のいく家を建てることができるだろう。

自分自身にこだわるのだ。ゆめゆめ模倣などしてはならない。生まれ持った能力ならいつでも、年を重ねるほど豊かに表現できる。それに対して、他人から取り入れた能力は当座しのぎのもので、いつまでたっても完全には身につかない。

その人がもっともよくできることは何かを教えられるのは、その人をつくった「造物主」だけだ。本人がそれをやって見せるまでは、それが何かを知っている人はおらず、そもそも他人に知りえるものではない。

シェイクスピアを教育できた教師がいるだろうか？　フランクリン、ワシントン、ベーコン、ニュートンを指導できた教師はいるだろうか？

偉人はみな唯一無二の存在だ。スキピオのスキピオたるゆえんは、まさに他人から借りられなかった部分にある。シェイクスピアを研究してもシェイクスピアは生まれない。

自分に割りあてられた仕事をするのだ。そうすれば多くを望みすぎることも、大胆になりすぎることもない。

いまこの瞬間にも、あなたにはフィディアス〔古代ギリシャの彫刻家〕の見事な鑿《のみ》、エジプト人の鏝《こて》、モーゼやダンテのペンと同じくらい華麗で、壮大で、しかも他の誰ともちがう表現が与えられている。

多様で、雄弁で、無数の言葉を持つ魂が、同じ表現をくりかえすはずはない。しかし、もし過去の偉人たちの言葉を理解できるなら、あなたも彼らと同じ調子で語ることができるだろう。耳と舌は別の器官だが、その本質は同じだからである。

心の声に従い、素朴で高潔な生活をおくるのだ。そうすれば、あなたは全き「原初の世界」をふたたび地上にあらわすことができるだろう。

［四］現代の宗教、教育、芸術がもっぱら外に目を向けているように、社会の精神も外を向いてばかりいる。

誰もが社会は進歩したと得意げに語っているが、進歩している人間はひとりもいない。

社会が前進することはない。ある部分が進めば、別の部分が後退する。社会はたえまなく変化している。未開の社会が文明化したり、キリスト教化されたり、豊かになったり、科学的になったりすることはあるが、こうした変化は改善とはいわない。何かが与えられるたびに、何かが奪われるからだ。

新しい技術を獲得したら、古い本能が失われる。

ポケットに時計と鉛筆と為替手形を入れ、上等な服に身を包み、読み、書き、考えもするアメリカ人と、財産といえば一本の棍棒と槍、一枚のむしろ、そして二〇人が寝起きする小屋だけという裸のニュージーランド人を並べてみるがよい。両者はなんと異なっていることだろう！　しかし二人の身体を調べれば、白人は原始的な生命力を失ってしまったことがわかる。もし旅人の話が本当なら、未開人を斧で斬っても傷口は一日か二日で柔らかい松ヤニのようにふさがり、治ってしまうが、相手が白人なら同じ一撃で息絶えてしまう。

文明人は馬車をつくったが、同時に足を使うことを忘れた。杖で身体を支える代わりに、筋肉の支えをすっかり失った。

ジュネーブ製の立派な時計を持ってはいるが、太陽を見て時を知ることはもうできない。グリニッジの航海暦があれば、必要な情報はいつでも手に入ると考え、道行く人は空の星を読まなくなった。

夏至も冬至も気にかけず、春分や秋分の知識はないに等しい。天空に輝く自然の暦を、現代の人々は見ようともしないのだ。

手帳によって記憶力は衰え、図書館によって知力は疲弊し、保険会社によって事故は増えた。

機械はむしろ障害なのではないか、洗練されたことで人間の活力は衰えたのではないか、キリスト教の制度化と形式化が進んだ結果、徳が持っていた素朴な力は弱まったのではないか。そうした疑問が湧いてくるのも無理はない。

ストア派の哲学者はたしかにストイック（禁欲主義者）だったが、キリスト教世界のどこに真のキリスト教徒がいるのだろうか。

高さや容積の基準が狂うことはないように、道徳の基準も変わることはない。昔よりも人間は偉大になったかというと、否である。

古代の偉人と現代の偉人の間には驚くほどの一致が見られるが、一九世紀の科学、芸術、宗教、哲学をもってしても、プルターク［『英雄伝』を著したギリシャの著述家］が描いた二三、四世紀前の英雄より偉大な人間を育てることはできない。人類は時とともに進歩するわけではないのだ。

フォキオン［アテネの将軍］、ソクラテス、アナクサゴラス［古代ギリシャの哲学者］、ディオゲネス［古代ギリシャの哲学者］といった偉人たちは、同類の人間をひとりも残さなかった。よしんば彼らと同じ部類に属する人がいたとしても、その人は先人の名前では呼ばれず、ひとりの独立した人間として、自らの名前で一派を築くだろう。

それぞれの時代の技術や発明は、その時代を彩りはしても、人々に活力を与えることはない。

機械が改良されても、その弊害が利益を帳消しにするかもしれない。探検家のハドソンとベーリングが漁船でやってのけたことは、科学技術の粋を集めた船で探検に乗りだしたパリーとフランクリンを驚かせるようなものだった。

ガリレオは一個のオペラグラスで、後世の誰よりもすばらしい天体現象を次々と発見した。コロンブスは甲板もない舟で「新世界」を発見した。数年前、あるいは数世紀前に大喝采を浴びて登場した手段や機械が、いつのまにか使われなくなり、姿を消していくのは興味深いことだ。

偉大な天才も、その本質はひとりの人間である。

戦争技術の進歩は科学の功績だと見なされているが、ナポレオンは野営によって、つまり外部からの支援をことごとく退け、自らの勇気のみを頼りに進むことでヨーロッパを制した。

ラス・カーズ［フランスの歴史家］によれば、皇帝ナポレオンは「武器、弾薬庫、兵站《へいたん》部、車輌を廃し、ローマ時代の習慣にならって、兵士が割当ての麦を自らの手で受け取り、それを自らの手臼で挽き、自分で自分のパンを焼くようになるまで」は、完璧な軍隊はつくれないと考えていたという。

社会は波に似ている。波は前へと進むが、波を構成している水は進まない。同じ水の分子が谷から頂上に上るわけではないのだ。ただ外見上、ひとつのかたまりのように見えるにすぎない。

今日は国家を構成している人も、翌年には死に、それとともに彼らの経験も失われる。

*

「財産」を信頼すること、あるいは財産を保護する政府を信頼することは、自分自身に対する信頼が足りないことを意味する。

自分自身から目をそらし、形あるものばかりを見つめてきた結果、人々は教会や学校や役所を財産の番人と見なすようになった。

彼らがこうした組織への攻撃を非難するのは、自分の財産が攻撃されているように感じるからだ。

世の人々は人格ではなく、所有しているものによって相手の価値をはかる。しかし教養を身につけ、自分の本質に敬意を払うようになった人は、自分が所有している財産を恥じるようになる。とくにそれが偶然手に入ったもの――たとえば相続、贈与、犯罪によって得られたものの場合は、なおさら嫌悪し、それは自分のものではないと考える。つまり、それは自分に属するものでも、自分に根ざしたものでもなく、たまたま革命や盗賊によって持ち去られることがなかったので、そこにあるだけだと感じるようになるのだ。

それに対して、人格は常に必然によって獲得される。それはいわば生きた財産であり、たとえ支配者、暴徒、革命、火事、嵐、破産といった脅威にさらされなくても、その人が生きているかぎり、脱皮をくりかえしながら成長していく。

「汝の運命、すなわち人生の定めは自分自身を追い求めることだ。ならば運命を追い求めるのはやめ、泰然としているがよい」とカリフ・アリー［イスラーム共同体の指導者。第四代正統カリフ］はいった。

自分以外のものに依存している人は集団におもねり、数を頼みにするようになる。

政党はひんぱんに会合を開く。大勢の賛同者が集まり、「エセックス代表団！」「ニューハンプシャーの民主党員！」「メインのホイッグ党員！」などと威勢のいい声があがるたびに、若い愛国者は新たに千人の目と腕が加わった分、自分が前よりも強くなったように感じる。

同じように改革者たちも会合を召集し、投票し、多数決で決定を下す。しかし友よ！　神はそのようなやり方ではなく、まさに逆の方法によって、あなたの中に宿るのだ。

外からの支援をすべて退け、ひとり立つときにのみ、人は強くなり、勝利を手にする。

自らの旗下に集う者が増えれば増えるほど、人は弱くなる。ひとりの人間は、ひとつの町より優れた存在であるはずだ。他人には何も求めるな。そうすれば万物流転の世にあっても、あなたは唯一不動の柱として、周囲のものすべてを支えるようになるだろう。

持って生まれた力があるのに、どこであれ自分の外側に価値あるものを求めた結果、人間はこんなにも弱くなってしまった。そのことに気づいて、ためらわず自分の考えに従うことを選んだ人は、ただちに正道に戻り、すっくと身を起こして、自らの手と足で奇跡を行いはじめる。ちょうど直立している人の方が、逆立ちをしている人よりも力を出せるのと同じように。

＊

「運」と呼ばれるものについても同様だ。

たいていの人は運命の女神を相手に賭けをし、運命の輪がまわるにまかせて、すべてを手に入れたり、すべてを失ったりする。

しかし運まかせの僥倖《ぎょうこう》など道理に合わないものとして退け、神の法官たる「原因」と「結果」を相手にするべきだ。

大いなる「意志」によって働き、それによって善きものを得るなら、「偶然」の輪は鎖で封じられ、幸運がめぐってくるかどうかを思いわずらう必要もなくなる。

政治的な勝利、地価の上昇、病気の治癒、懐かしい友の帰還といった好ましいできごとは、あなたを元気づけ、明るい未来を期待させるかもしれない。しかし、そのようなものを信じてはならない。

あなた自身をおいて、あなたに平和をもたらすものはない。

根本原理に従い、その光輝に身をひたすとき、あなたは初めて平和を手に入れるのだ。

訳者あとがき

本書は、一九世紀のアメリカを代表する思想家ラルフ・ウォルドー・エマソン（Ralph Waldo Emerson）の論文集『エッセイ　第一集（*Essays, First Series*）』（一八四一年）に収められている*Self-Reliance*の全訳です。とても短い文章ですが、真理は自分の内にあり、付和雷同せず、常に自己をよりどころとして主体的に生きるべきであるというエマソンの主張が凝縮された一編として、エマソンの代表作のひとつに数えられています。

アメリカの個人主義の形成に多大な影響を与えたエマソンですが、彼のいう自己信頼は利己心に根ざしたものではありませんでした。彼のいう自己は狭い意味での自己（エゴ）ではなく、真の自己、すなわち自分の中に住む普遍的な存在を指しています。自分に正直に生きることは、放縦な生活を送ることでも、我欲を押し通すことでもなく、むしろ調和をもたらすものであり、謙虚な心で自分が本当に望んでいることをするなら、人間はもっと自由に幸福になれる――エマソンのこうした考えは、後の多くの自己啓発書や成功哲学書の書き手たちに受け継がれていきました。

エマソンは一八〇三年にアメリカのボストンで生まれました。代々牧師をつとめる家系で父親も牧師でしたが、エマソンが八歳の頃に他界。もともと裕福ではなかった一家の生活はさらに苦しいものとなりました。一四歳で奨学金を得てハーバード・カレッジに入学。夢は牧師になることでしたが、家計を助けるために卒業後は教師の職につきました。数年後にようやくハーバード大学神学部（いまでいう大学院）の門をくぐるものの、途中で身体をこわし、療養生活を強いられます。健康は完全には回復しませんでしたが、何とか復学して説教者の資格をとり、まもなくボストンの教会で念願の牧師の職を得ました。しかし形骸化した教会制度に疑問を持つようになり、わずか三年半後、二九歳のときに教会を去ります。一八三四年からはコンコードに居を定め、説教や講演に従事しながら、一八八二年に七九歳で亡くなるまで、この地で暮らしました。

精神の独立を呼びかけ、自らも実践したエマソンですが、俗世から離れ、ひとり孤独に生きたわけではありません。エマソンは同時代の作家や知識人と交流し、とくにカーライル、ソローとは生涯の友情を結びました。最初の妻は若くして亡くなりましたが、再婚相手とは四人の子をなしています。

エマソンは西洋と東洋の哲学を吸収しながら、独自の思想を深めていきました。しかし個人の中に神を見、形式を否定し、自然に学びながら、社会の規範よりも自己を信頼して生きるというエマソンの主張は、キリスト教会が権威を持っていた当時の社会では相当にラジカルなもので、ときに大きな批判にさらされました。そうした時期に書かれた『自己信頼』には、当時の彼自身の決意を見てとることができます。

エマソンの著作は、論理性に欠けると指摘されることもありますが、心のほとばしるままにつづられた言葉は、それゆえに人々の心をつかんできたともいえるでしょう。明治から昭和にかけて活躍した英文学者・評論家で、エマソン翻訳者としても知られる戸川秋骨は、『エマスン論文集』（岩波文庫）の序文の中で、「（エマソンの）論文はただ一つの読みものであったばかりでなく（中略）私の友であり、伴侶であり、師匠であったのである。悲しみの際に、不快の念に捕らわれた時、不満の感に襲われた時、逆境とでも言ったような失意の境地にあった時、エマスンは慰安を供し、また指導を与えてくれるものであった」

と述べています。これは多くのエマソン愛読者の思いでもあるでしょう。

エマソンの著作は明治以降、何度か翻訳されてきましたが、今回の新訳では雄弁で知られたエマソンの、聞く者の心を熱くするような力強い言葉を、当時の人々が聞いたように、現代の読者に伝えることに留意しました。本書がエマソンの思想をより多くの方に知っていただく契機となれば、訳者としてこれ以上の喜びはありません。訳出にあたっては、巻末に掲げた書籍を参考にさせていただきました。この場を借りて、著者ならびに訳者のみなさまに心から感謝申し上げます。

二〇〇八年一二月

伊東奈美子

［参考文献］（刊行順）

『自己信頼（自恃論）』の邦訳

戸川秋骨訳『エマスン論文集』（文庫Ⅰ・Ⅱ・Ⅲ巻）、岩波書店、一九三八〜三九年
市村尚久訳『人間教育論』（世界教育学選集57）、明治図書出版、一九七一年
酒本雅之訳『エマソン論文集』（文庫上・下巻）、岩波書店、一九七二〜七三年
平田禿木訳『エマアソン全集1』（全八巻）、日本図書センター、一九九五年［『エマアソン全集1』（国民文庫刊行会、一九一七年）の復刻版］
入江勇起男訳『エマソン名著選　精神について』、日本教文社、一九九六年［『エマソン選集2』（日本教文社、一九六一年）の改装新版］

エマソンとその思想について

市村尚久著『エマソンとその時代』、玉川大学出版部、一九九四年
リチャード・ジェルダード著、澤西康史訳『エマソン　魂の探究』、日本教文社、一九九六年
リチャード・ジェルダード編著、澤西康史訳『エマソン入門』、日本教文社、一九九九年
田中嫺玉訳『神の詩　バガヴァッド・ギーター』、TAO LAB BOOKS　二〇〇八年［『神の詩　バガヴァッド・ギーター』（三学出版、一九八八年）の改装新版］

この度はお買上げ誠に有り難うございます。
本書に関するご感想をメールでお寄せください。
info@umitotsuki.co.jp

弊社刊行物の最新情報などは
以下で随時お知らせしています。
X
@umitotsuki
フェイスブック
www.facebook.com/umitotsuki
インスタグラム
@umitotsukisha

自己信頼《じこしんらい》［新訳《しんやく》］

2009年2月5日　初版第1刷発行
2024年12月1日　第19刷発行

著者　ラルフ・ウォルドー・エマソン

訳者　伊東奈美子《いとうなみこ》

装幀　川島 進

印刷　萩原印刷株式会社

発行所　有限会社海と月社

〒180-0003
東京都武蔵野市吉祥寺南町2-25-14-105
電話0422-26-9031　FAX0422-26-9032
http://www.umitotsuki.co.jp

ISBN978-4-903212-10-4